DES PRÉROGATIVES.

PARIS, IMPRIMERIE DE DÉTHUNE ET PLON,
Rue de Vaugirard, 36.

DES PRÉROGATIVES.

LA COALITION

ET

LE MINISTÈRE DU 15 AVRIL.

A PARIS,

CHEZ M. FAUCHET, RUE DE LA HARPE, 66,

AU CABINET DE LECTURE.

1839.

DES PRÉROGATIVES,

LA COALITION

ET

LE MINISTÈRE DU 15 AVRIL.

Après les importants débats qui viennent de s'a-
giter au sein de la chambre élective, débats qui ont
eu un si grand retentissement dans toute la France,
qui ont jeté l'alarme dans les esprits et fait concevoir
des doutes sur la stabilité des institutions fondées
en 1830, qui ont éveillé la susceptibilité de l'Europe
monarchique; après avoir entendu les orateurs des
deux fractions presque égales de la chambre, nos
Mirabeau et nos Mauri plaider à la tribune parlementaire leur cause avec autant de chaleur que d'é-

loquence, soulever des questions vitales pour notre régime constitutionnel, aujourd'hui que la France légale se prépare à prendre son bulletin, et fait de sérieuses réflexions sur la manière dont elle doit juger le dissentiment qui s'est élevé entre le gouvernement et une fraction de la chambre des Députés, nous avons pensé qu'en raison de la gravité des circonstances et de l'importance des intérêts qui sont mis en jeu, les électeurs ne dédaigneraient pas de lire quelques considérations qu'ose leur soumettre un homme ami de son pays, également éloigné des hommes qui sont aujourd'hui au pouvoir et de ceux qui peuvent avoir des prétentions à y parvenir.

Il serait à désirer qu'au moment où la destinée future de la France doit sortir de l'urne électorale, tous les citoyens indépendants, exempts de toute passion politique, libres de tout engagement de coterie et neutres spectateurs dans la lutte qui vient de s'engager, prennent la parole comme ministère public devant le jury électoral. C'est à eux qu'il appartient de dévoiler les réticences, de faire comparaître devant le juge politique les arrière-pensées et même de flétrir ceux qui ne craindraient pas de sacrifier la tranquillité de l'État à leur ambition personnelle.

Avant de rechercher le sens de quelques principes fondamentaux de notre Code constitutionnel, sur lesquels les plus habiles publicistes, les jurisconsultes les plus distingués, les hommes d'état du plus haut talent sont encore partagés d'opinion, en raison de leur différente manière de penser en matière politique, nous croyons qu'il ne sera pas hors de propos de remonter à la naissance de notre système constitutionnel, d'en rappeler brièvement les différentes variations et l'établissement définitif par la promulgation de la Charte de 1814, revisée et modifiée en 1830. Ce rapide aperçu nous mettra à même d'en comprendre plus facilement l'esprit, d'en concilier les principes et d'en trouver peut-être la seule et logique interprétation. Nous nous occuperons ensuite à retracer l'historique des différents ministères qui ont existé depuis 1830; à exposer leur système politique suivi à l'intérieur et à l'extérieur de la France; nous finirons par examiner les actes du cabinet du 15 avril et les griefs de la coalition.

La révolution de 1789 a conquis sur le pouvoir absolu des libertés désormais jugées indispensables aux lumières et à la civilisation de la France. La prérogative royale a été scindée. Le pays voulait intervenir dans le gouvernement, et le sytème représentatif fut fondé. Il y intervint aussi par des armées citoyennes, par l'institution de la garde nationale; ainsi le pays armé devenait son propre gardien, son défenseur. Le jury fut appliqué à la justice nationale; c'était la garantie nécessaire des deux premiers éléments de la puissance du pays. Tels étaient les

principes de la majorité des représentants de la nation. Ils devaient triompher de l'opposition qui avait
d'autres intérêts à défendre. L'égalité civile, l'unité
nationale furent sanctionnées. Le privilége s'avoua
vaincu, et adopta la réforme politique. Une constitution sage était nécessaire ; il fallait l'établir sur des
principes qui devaient servir de bases à l'ordre et à
la liberté. Mais ceux qui, en unissant leurs forces,
avaient triomphé de l'opposition des ordres privi-
légiés, se divisèrent alors en deux grandes fractions
parlementaires, dont chacune comptait parmi ses
membres des hommes distingués par leurs lumières
et leurs talents oratoires. Les premiers, se ratta-
chant aux souvenirs de l'ancienne monarchie, voulaient ménager une transaction entre les divers ordres, et maintenir les choses existantes, sauf les améliorations et modifications nécessaires pour l'établissement du régime constitutionnel. C'était le système
historique du profond Montesquieu qu'on voulait
pour la première fois mettre en pratique. Il conser-
vait à la puissance royale assez de force pour rame-
ner à une conciliation si désirable les différents partis qui étaient nés de la révolution.

Les autres, imbus des utopies du philosophe de
Genève qui avait formulé en thèse générale, d'une
manière brillante, avec une richesse d'élocution
éblouissante, le mode de gouvernement de sa république comparable à celui des anciennes cités grec-

ques, non contents d'avoir conquis en moins de deux ans des libertés qui, chez un peuple voisin, ont été le résultat des efforts et de l'élaboration de plusieurs siècles, voulurent introduire dans un vaste empire un système à peine praticable dans un petit état. Pour ces hommes purement théoriciens qui suivaient la bannière de J.-J. Rousseau, le Contrat social était leur rêve; il fallait, au risque de la guerre civile, au risque de soulever toute l'Europe contre la France, au risque d'écraser leurs adversaires, il fallait, dis-je, faire oublier des souvenirs vivaces, froisser des intérêts nombreux et faire un schisme complet avec le passé. Pour eux, la prérogative laissée au roi était un obstacle qu'il fallait renverser. D'abord on la transforma en un simple *veto* suspensif, ensuite on la réduisit au néant, et par une interversion frappante, on la confondit avec celle qui avait été conquise par l'assemblée des représentants. Alors la royauté n'était plus qu'un être factice et sans force. Le sort en fut jeté; la monarchie constitutionnelle de 1791 devait succomber. Une nouvelle constitution fut décrétée, et la France de 1792 marcha en plein dans le système génevois. On sait les larmes et le sang qu'il a fait couler, les malheurs qu'il a enfantés; on sait la sanglante énergie que les partisans de ce système ont dû employer pour le fonder, et le soutenir seulement pendant moins de trois ans dans toute sa vigueur. Car dès 1795, il fut modifié. On reconnut dès-lors la nécessité d'un principe modérateur.

Le pouvoir législatif fut confié à deux chambres ; des directeurs furent créés. Malgré les efforts de ceux qui prirent alors en main les rênes du gouvernement, les circonstances intérieures et extérieures étaient trop graves pour qu'ils pussent plus long-temps résister à la force des choses. Le gouvernement ressemblait alors à un malade le lendemain d'une fièvre délirante. Les efforts prodigieux qu'il avait faits dans le feu de son exaltation l'avaient rejeté dans l'abattement et dans l'épuisement le plus complet. Les ressorts de la machine gouvernementale avaient été brisés. Il fallait une main ferme et puissante pour les réparer.

Le jour où un soldat échappé aux croisières anglaises mit le pied sur le sol de la France, c'en était fait du système républicain. On revenait à la monarchie, car le manteau consulaire et les plis de la constitution de 1799 ne voilaient pas assez les projets du nouvel *imperator*. Le nom de république, conservé encore quelque temps, fit place à celui d'empire. Sous ce régime, comme sous le précédent, si la France sut se couvrir de gloire, elle était loin d'avoir toutes les libertés dont nous jouissons aujourd'hui. En effet, quelle différence autre que celle des temps y avait-il entre le despotisme d'un heureux soldat qui faisait évacuer, l'épée à la main, la salle du palais de Saint-Cloud, et celui d'un roi qui, voulant asseoir définitivement le pouvoir absolu, entrait au parlement vêtu de l'habit de chasse et la cravache à la main.

Ce ne fut pas non plus pendant la révolution de 1649 que l'Angleterre put se flatter d'avoir conquis ses libertés, alors que Cromwell expulsait une assemblée délibérante hostile à ses projets, et s'emparait des clefs du palais législatif.

La France dut courber, ainsi que l'Angleterre, la tête sous le joug de fer d'un gouvernement militaire, jusqu'à ce qu'enfin l'empereur, après avoir frappé lui-même à coups redoublés sur les bases de son trône pendant plus de dix ans, eut été renversé dans sa chute. Fallait-il donc éprouver tant de vicissitudes, traverser le sanglant régime de la Convention, subir le despotisme impérial pour en revenir au point de départ, à 1789, à la théorie historique de Montesquieu, dont la Charte n'est que l'expression légale? Combien de temps perdu pour le progrès, non-seulement de la France, mais de l'Europe entière. Car, il faut bien l'avouer, tous les hommes éclairés qui avaient salué de leurs acclamations le noble élan de 1789 dans toutes les contrées de l'Europe civilisée, avaient cessé d'approuver ce mouvement régénérateur de la société européenne, lorsqu'ils furent témoins du hideux spectacle que donnèrent au monde les hommes de 1793. Aussi les souverains ligués contre la France n'eurent pas de peine à persuader à leurs peuples que leur cause était une sainte cause, et que la guerre qu'ils soutenaient contre celui qu'ils appelaient le tyran des nations était une guerre sacrée.

Ils avaient donc raison ceux de nos représentants de 1789 qui voulaient combiner les éléments anciens avec ces éléments nouveaux que de criants abus du despotisme avaient fait naître en France ; ils avaient raison ces disciples de Montesquieu, et on ne l'a pas assez proclamé.

Faut-il donc croire à la fatalité, et reconnaître que les calamités qui ont été la suite du système essayé par leurs adversaires, par leurs vainqueurs, étaient inévitables ? Non ; le sang versé est retombé sur la tête de ceux qui en ont été les auteurs. Les hommes sont responsables de leurs actions. La fatalité ne les justifiera pas aux yeux de la postérité juste et impartiale qui a aussi des éloges tardifs mais mérités pour ceux qui ont voulu le bien, quoiqu'ils n'aient pu l'opérer.

Cette tentative de vouloir l'impossible sera-t-elle absolument perdue pour nous ? N'en résulte-t-il pas de graves enseignements pour les générations présentes et à venir ? L'expérience d'un demi-siècle de révolutions ne servira-t-elle pas à nous attacher inviolablement à cette garantie de nos libertés, à ce pacte qui concilie tous les intérêts raisonnables, à cette Charte si chèrement achetée, dont tous les articles, dont tous les mots sont le prix du sang de tant de Français?

Les Anglais, qui, sous les derniers des Tudors, n'avaient pas même la liberté de la parole à la tribune parlementaire, arrachèrent une à une toutes leurs libertés, fruit de l'expérience et de longs efforts. Ils les virent enfin consolidées par leur révolution de 1688, à laquelle celle de 1830 a été tant de fois comparée. Leur constitution n'est donc que l'expression d'usages auxquels le temps et la persistance du parlement avait donné force de loi. Aussi les divergences d'opinions sur l'interprétation de leur loi fondamentale sont moins fréquentes que parmi nous ; et les difficultés sont facilement tranchées en recourant aux précédents nombreux qui ont nettement tracé la ligne de démarcation qui sépare les deux prérogatives. Mais en France, où la Charte a, pour ainsi dire, été fondue d'un seul jet, il peut arriver plus souvent de voir s'élever des dissentiments sur la manière d'interpréter et de concilier les différents principes sur lesquels repose notre constitution, encore jeune d'expérience, mais riche d'avenir et d'espérances.

A qui donc à juger ces différences de vues, à qui appartient-il de faire cesser ce désaccord, qui fait jeter un doute sur la possibilité du gouvernement monarchique constitutionnel en France, qui introduit l'anarchie dans l'administration, et qui met des entraves au libre jeu de nos institutions?

Un précédent mémorable a prouvé, il y a neuf ans, que le pays légal comprend l'esprit de la Charte, et sait la soutenir quand elle est vraiment menacée. Un gouvernement dont les intentions hostiles à nos libertés s'étaient dévoilées par des propositions de loi, tantôt adoptées par la majorité, tantôt rejetées par ses amis eux-mêmes, ce gouvernement, qui n'avait pas craint de porter la main sur une des bases de notre constitution, l'égalité civile, avait mis le comble à la mesure de ses fautes en s'entourant d'hommes qui voulaient à tout prix dominer la nation. Ses derniers conseillers osèrent dans ces circonstances faire un appel au pays. Les électeurs leur répondirent par le renvoi des 221. Leurs craintes étaient alors fondées ; il fallait à la France des défenseurs contre l'envahissement du pouvoir royal. Le pays ne s'était pas trompé dans ses prévisions. Le gouvernement exposa ses projets au grand jour, et, jetant un défi à la nation, il porta ces ordonnances trop fameuses qui remettaient tout le pouvoir entre ses mains ; la Charte était déchirée. Mais la France sortit triomphante de cette lutte périlleuse engagée contre ses libertés. La nation témoigna par un exemple éclatant qu'elle est digne de demeurer libre.

C'était au cri de : Vive la Charte, que la presse libérale faisait un appel aux Français, et ce cri était répélé par tous les citoyens qui couraient aux armes. La Charte n'avait été violée que par la royauté, la nation victorieuse voulut qu'elle restât sa constitution. La Charte fut donc conservée avec les modifications jugées indispensables pour consolider l'œuvre de la révolution.

Le préambule de la Charte octroyée avait pour but de rattacher la chaîne des temps brisée par la révolution de 1792. La royauté de 1814 affichait hautement la prétention de régner par le droit divin ; c'était plus honorable pour elle que de montrer la source de son droit derrière les bayonnettes étrangères. Cette partie de la Charte fut donc supprimée ; car la nouvelle dynastie n'avait pas besoin de rechercher une cause plus sacrée de ses droits que celle du vœu national.

Cependant l'acte du 9 août a fait naître depuis un problème résolu de deux manières différentes, dont les solutions peuvent se réduire à ces deux formules : quoique, parce que.

Quelques publicistes, dont M. Odilon Barrot semble avoir résumé la pensée par ces deux mots : rien au-deçà, rien au-delà, regardent la révolution de 1830 comme un événement qui a rompu absolument avec le passé, qui n'a laissé subsister aucune trace de dynastie ; en un mot, ils assimilent la victoire de juillet à la manifestation sanglante du 21 janvier. La révolution de 1830 a-t-elle été tentée et accomplic en haine de toute royauté ? L'acte du 9 août témoigne hautement qu'on n'en avait voulu qu'au despotisme, et que la France avait encore foi à une royauté vraiment constitutionnelle. En effet, on n'eut pas un instant la pensée de dire au peuple français : désormais tu es *républicain*.

Que voulait-on alors autre chose que détacher du sol de la France jusqu'au dernier rejeton d'une dynastie qui prétendait y avoir été placée par la main de la divinité, et qui, affectant d'être *sui juris*, ne croyait devoir aucune reconnaissance à la nation ? Mais prétendre que la dynastie d'Orléans fut appelée au trône comme on eût pu choisir toute autre famille française, c'est prétendre l'impossible. Je le demande à toutes nos gloires civiles et militaires les plus justement méritées, auraient-elles osé accepter alors la couronne royale ? Auraient-elles pu porter le sceptre pendant neuf ans ? Et vous, mânes de Lafayette, répondez ? vous qui avez joué un si grand rôle dans nos deux drames révolutionnaires, et qui étiez fortement convaincu que la royauté seule pouvait rétablir l'ordre troublé par une grande crise, par un grand déchirement, eussiez-vous consenti à vous asseoir sur le trône de juillet ? Vous étiez trop grand pour briguer l'honneur d'un Talma !

Si le héros de Marengo et des Pyramides put revêtir les insignes de la souveraineté, et les porter sans que personne en France ne les lui disputât, c'est qu'il avait su jouer le brillant rôle du fils de César ; c'est que la France, comme la république romaine dégénérée, sentait le besoin d'un pouvoir central, unitaire, d'une main forte, pour arrêter la fureur des partis et pour rétablir l'ordre, sans lequel les nations ne peuvent exister. Napoléon tenait ses droits de son épée, et quand son épée a été brisée, il lui fallut bien se résigner à aller mourir sur un rocher anglais. Son droit était né de sa gloire, et il a expiré quand il quitta la terre de la patrie.

Louis-Philippe ne règne pas seulement parce qu'il a combattu à Jemmapes et à Valmy. Il règne en vertu du vœu national qui a effacé le droit divin ; il règne parce qu'il était duc d'Orléans, comme l'aïeul de la reine Victoire a régné sur la Grande-Bretagne, malgré les espérances d'un prince de la dynastie des Stuarts, que son attachement à une religion antinationale avait précipitée du trône. Georges Ier tenait aussi ses droits du vœu de la nation, et cependant il régna comme descendant d'une petite-fille de Jacques Ier. Le fils de Cromwell aurait-il pu disputer la couronne au fils de la princesse Sophie ? Le duc de Saint-Leu peut-il sérieusement prétendre au trône où est assise la dynastie d'Orléans ?

Veut-on dire par cette expression laconique : rien au-deçà que le vote des chambres peut briser son œuvre ? Mais les chambres peuvent-elles violer la Charte ? Le pays en ferait justice. Et d'ailleurs le vote de la chambre des Pairs peut toujours être modifié en faveur de la couronne, par la nomination de nouveaux membres dont le nombre est illimité. Tranchez le mot, et dites franchement qu'on peut donner une seconde représentation de l'acte de 1830, si la royauté du 9 août violait ses serments. A quoi bon discuter sur le droit dans l'hypothèse d'un fait qui supprime le droit? Ne savons-nous pas que les Wasa ne règnent plus à Stockholm; que les Bourbons ont habité Édimbourg, et voyagent dans l'Allemagne; que Jacques II est mort à Saint-Germain; que le fils de Murat est juge à Jefferson.

Mais la royauté de Juillet ne violera pas la Charte; elle la défendra au contraire, en maintenant ses prérogatives et celle des chambres. On ne verra pas le gouvernement de Juillet renouveler l'essai déplorable, ridicule et mesquin, le coup d'État du 23 juin 1789; ni tenter d'obtenir par ordonnance ce que la légalité lui aura refusé. On ne cherchera pas à réduire le rôle des chambres à celui des états-généraux avant 1789, ou à celui des assemblées autrichiennes qui ne consiste qu'à se réunir qu'avec pompe et solennité pour dire : oui, à des projets de répartition d'impôts donnés par la cour.

Quelle est donc l'étendue des prérogatives parlementaires que le gouvernement doit respecter?

Dans nos anciens états-généraux, il n'y avait pas

une vie organique; mais le germe de vie existait, et il se développa. L'embryon prend ses formes; l'enfant vigoureusement constitué grandit vite et brise ses lisières. La révolution de 1789 fit éclore ce principe de vie; mais elle ne fit que montrer à la France les libertés qu'elle aurait un jour. L'époque de leur plus grand développement n'eut pas lieu en 1814. Car si on lit la Charte du 4 juin, sans prévention, on y voit que les chambres n'étaient pas appelées à prendre une part active dans l'administration des affaires du pays. Elles participaient, il est vrai, aux mesures de législation générale, elles votaient l'impôt et prévenaient les dilapidations financières. Mais elles n'avaient point d'initiative proprement dite. Les ministres pouvaient être pris au-dehors des chambres, où ils avaient une place officielle, ainsi que les commissaires du roi. Les chambres n'avaient pas le droit d'enquête, ni celui d'interpellation sur la situation, sur l'état général du pays. Il y avait beaucoup de la pompe autrichienne et peu de chose de plus. Mais les principes de vie organique se trouvaient dans cette Charte; ils se développèrent plus tard. Le principe de l'élection devait grandir. L'opinion publique cherchait à se faire jour, et commençait à exercer une grande influence. Les chambres conquirent le droit d'amendement, qui est au fond le droit d'initiative. Elles profitaient du droit de pétition pour trouver motif à délibérer sur toute matière. Le droit d'adresse au roi était un puissant moyen d'influencer la marche du gouvernement. On soulevait à tout propos des contestations pour arriver à une discussion. La chambre des Députés avait conquis, par ses précédents, une immense influence sur les affaires générales, en votant les différentes parties du budget. Elle marchait à grands pas vers ce progrès, parce qu'elle était soutenue par l'opinion publique. Eh bien! de toutes ces prérogatives, qui n'étaient pas reconnues par le texte de la Charte de 1814, et qu'il fallait conquérir une à une, soutenir pied à pied, quelles sont celles que le gouvernement de juillet a méconnues. Aujourd'hui, elles sont conquises pour les chambres; qu'on les trouve ou non écrites dans la nouvelle Charte, elles n'en sont pas moins établies par des précédents non contestés.

La chambre des Députés est souveraine et indépendante dans ses décisions sur des points qui la concernent spécialement. Elle a la vérification des pouvoirs de ses membres, l'élection de ses fonctionnaires, même celle de son président. Elle peut suspendre la publicité de ses séances; elle a le droit de police sur les externes, la répression directe des offenses dirigées contre elle, la discussion et le renvoi des pétitions. Dans les affaires générales, elle a le droit de concours dans la formation de la loi, le droit d'initiative, d'amendement, d'adoption et de rejet ; elle a seule le droit d'initiative sur la loi de l'impôt. Elle statue sur la loi des comptes, sur le budget, sur les crédits supplémentaires dont elle légalise l'emploi. Elle vote la liste civile et reçoit le serment du roi. Elle a le droit de police sur les membres de la chambre, même hors de la chambre. Elle leur délivre des passe-ports, reçoit leur démission, et leur accorde des congés. Elle a la police sur l'assemblée. Les députés jouissent de l'irresponsabilité légale, et de l'inviolabilité personnelle (art. 33 et 34 de la Charte).

Il n'y aurait aucune garantie pour les libertés publiques, si les hommes qui sont au pouvoir, qui ont en main tous les moyens d'action, étaient irresponsables. Les agents du pouvoir exécutif manient toutes les forces de l'État dans les limites que leur trace le pouvoir législatif. S'ils les franchissent par des motifs licites, honnêtes, c'est de leur part faiblesse ou aveuglement. Ce peut être aussi avec une intention, une résolution, une détermination criminelle. La responsabilité ministérielle s'étend sur tous les actes de la puissance exécutive.

Le droit qu'exercent les chambres, de contrôler les actes ministériels, de redresser les erreurs, et de poursuivre les ministres coupables, paralyse, il est vrai, le cours des affaires de l'administration, et fait obstacle à la marche régulière du gouvernement. Dans des temps éloignés de nous, c'était presque toujours la cause d'un mouvement, d'une perturbation profonde. Mais on a trouvé de nos jours la solution spéculative et pratique de ce problème ; on l'a rendue effective sans perturbation ni renversement complet dans l'État. L'Angleterre a prouvé que cette mesure préventive, et même répressive, peut être employée sans commotion politique ; c'est un fait grave, extraordinaire et heureusement rare, qui annonce des difficultés sérieuses dans la marche de la chose publique.

Les ministres encourent plusieurs sortes de responsabilité : 1° la responsabilité morale est celle que nous avons tous à l'égard les uns des autres. La responsabilité morale des ministres est exercée contre eux par l'opinion publique, par la nation toute entière ; 2° la responsabilité politique est exercée par la manifestation électorale et par la désapprobation des pouvoirs qui ont droit de contrôler, de critiquer les actes de l'administration. Car les ministres sont les intermédiaires nécessaires entre la couronne et les chambres. En exerçant les prérogatives de la couronne dans les actes extérieurs, ils exposent chaque jour des questions politiques et financières, et se trouvent sans cesse en contact avec les deux chambres. Ils ont besoin du concours de ces deux branches du pouvoir législatif. Là se réalise la responsabilité politique. La couronne peut seule, il est vrai, éloigner les ministres et les écarter des affaires. Mais les chambres

peuvent aussi, par leurs discussions, leurs délibéra-
tions, par une manifestation plus ou moins vive,
plus ou moins complète de leur pensée, témoigner
aux ministres leurs éloges comme leur critique, leur
mépris, leur blâme, et même leur annoncer leur
refus de concours.

Sur ce dernier point, je ne partage pas l'opinion
d'un écrivain qui, dans un ouvrage récemment pu-
blié, témoigne trop d'anxiété sur l'état des affaires ou
l'état actuel du pays, et trop de crainte sur la force nu-
mérique de la coalition de 1839. Les conséquences
du système de M. Fonfrède seraient trop graves,
trop fatales aux prérogatives parlementaires pour que
nous nous décidions à l'admettre. Faut-il, pour
échapper à un embarras qui, nous l'espérons, ne
durera pas long-temps, s'exposer à rétrograder dans
la voie tracée de nos libertés? Nous ne voulons pas
même distinguer s'il y a homogénéité ou hétérogé-
néité dans les éléments dont se compose l'opposition.

Mais, dit-on, l'opposition peut être injuste, sys-
tématique. Peu importe : la chambre est souveraine
dans les limites de ses prérogatives, et ne relève que
d'elle-même et du pays. Chaque député jouit de
l'irresponsabilité légale, et ne doit compte à personne de son vote. Mais la couronne peut lui faire
encourir la responsabilité morale qu'il doit à la
France et surtout à ses commettants, en usant du
droit que lui confère la Charte de dissoudre la cham-

bre des Députés. Telle est la seule sanction constitutionnelle des fautes ou de l'erreur d'un député ;
3° au-delà des limites de la responsabilité politique
des ministres commence la responsabilité légale, qui
se subdivise en responsabilité civile et responsabilité
pénale : 1° si un ministre obtient une ordonnance qui
lui alloue des crédits supplémentaires pendant l'ab-
sence des chambres, et que celle des députés juge
qu'il n'y avait aucune utilité à faire ces dépenses, la
loi les met à la charge du ministre ; telle est la responsabilité civile ; 2° s'il y a plus que de l'erreur, de
l'ignorance, de la faiblesse, de l'aveuglement, plus
même que de l'entêtement, s'il y a trahison, con-
cussion, prévarication de la part des ministres, ils
encourent la responsabilité pénale ; et dans ce cas, la
chambre des Députés peut traduire les ministres à la
barre de la cour des pairs.

Telle est l'influence que la chambre exerce sur les
affaires de l'État ; tels sont les moyens qu'elle a en
son pouvoir pour prévenir, réprimer et punir les
erreurs et les fautes des agents responsables du pouvoir. Avec de telles prérogatives, comment le pays
peut-il s'alarmer sur le sort de ses libertés ? Mais si
les chambres oublient le principe de la séparation
des pouvoirs, si elles franchissent les limites tracées
par la constitution, si elles absorbent les prérogatives qui sont nécessaires à la puissance royale, c'est
le bouleversement complet du corps social. Alors ce

n'est plus l'absolutisme qu'il faut redouter, c'est l'anarchie dans le gouvernement, l'anarchie dans l'État, résultant de la concentration de tous pouvoirs entre les mains d'une assemblée délibérante, agissant d'elle-même sans être retenue par un pouvoir modérateur. Ne l'oublions pas, la pondération des pouvoirs, telle que la Charte de 1830 l'a établie, est la garantie la plus sûre, la plus solide de nos libertés.

Nous pouvons trouver dans notre histoire des preuves frappantes de cette vérité politique. La constitution de 1791 n'établit qu'une assemblée représentative. Le pouvoir était trop inégalement réparti entre elle et la couronne, pour que cet état de choses pût se maintenir. Le roi n'avait que le droit législatif de la sanction ; tout le reste partait de l'assemblée. Elle ne tarda pas à s'emparer exclusivement de toutes les affaires, et cet envahissement nous valut le règne de la Convention.

En 1795, on créa deux assemblées ; le conseil des cinq-cents avait seul le droit d'initiative. La constitution de l'an 8 fit passer ce droit si important de la puissance législative au gouvernement, à l'exclusion du tribunat et du corps législatif. C'est ce qui donna, sous ce régime et sous le régime impérial, tant d'importance au conseil-d'état, que Napoléon disait, en énumérant les premiers pouvoirs de l'État : Moi, le sénat, le conseil-d'état, ensuite le corps législatif. L'article 16 de la Charte de 1814 réservait au roi le droit d'initiative. Un mouvement trop avancé oblige à une réaction rétrograde, jusqu'à ce qu'enfin, après plusieurs oscillations irrégulières, on revienne au mouvement normal, régulier.

Nous y sommes arrivés aujourd'hui, à cette régularité du mouvement social et politique. Le gouvernement de 1830 n'a pas été téméraire de penser qu'il pourrait gouverner une grande nation dont les représentants jouissent de prérogatives que ni la constitution demi-républicaine et demi-monarchique de l'an 8, ni l'Empire, ni la Restauration ne voulurent leur accorder.

Voilà la ligne de démarcation qui limite les prérogatives de la chambre des Députés. Depuis le neuf août, elle n'a jamais été franchie de la part du gouvernement. Quelle est donc la signification de ce parti soi-disant parlementaire, dont le nom semblerait annoncer un danger pour la conservation des droits de la chambre, parti qu'on pourrait appeler avec plus de raison parti wihg d'en-deçà de la Manche. Les tendances de cette fraction de la chambre représentative sont assez clairement signalées par cette maxime qu'elle proclame : *Le roi règne et ne gouverne pas*, maxime qui a ses contradicteurs même dans la coalition.

Du principe proclamé par l'article 12 de la Charte, portant que la personne du roi est inviolable et sacrée, découle nécessairement la conséquence que les mi-

nistres sont responsables de tous les actes du gouvernement. De cette conséquence, nous en dédui-
rons une autre qui n'est pas moins logique, savoir :
que les ministres seuls peuvent faire les actes dont
ils assument la responsabilité. Donc l'idée d'inviolabilité implique celle de non-activité. Ce principe est
tellement rigoureux qu'un ordre émané directement
de la couronne et sans l'intervention ni la signature
d'un ministre ne serait pas un ordre obligatoire pour
un agent subalterne, et encore bien moins pour un
ministre, qui doit être libre dans tous ses actes politiques. Ainsi les ministres ont seuls le droit de faire
des actes du gouvernement, et ces actes doivent
être contre-signés par tous les ministres, ou au moins
par le ministre ordonnateur, selon les cas. Au nom
du roi, ils exercent la puissance exécutive; ils com-
mandent les armées de terre et de mer ; ils déclarent
la guerre, font et signent les traités de paix, d'alliance et de commerce; ils nomment à tous les em-
plois d'administration publique et font des ordonnances pour l'exécution des lois; ils nomment des
pairs d'après les conditions déterminées par la loi ;
ils signent l'ordonnance de prorogation des chambres
ou de dissolution de celle des députés.

Est-ce contre la violation de ce principe que réclame le tiers-parti? ou bien entend-il cette maxime
dans le sens le plus absolu? Voudrait-on réduire la
royauté à un rôle purement passif? Voudrait-on,

pour ne pas me servir de la comparaison du *Natio-nal*, la borner au rôle des secrétaires des chambres, à compter les boules de l'urne parlementaire ? Faut-il dire que, lorsque le résultat du scrutin annonce qu'une minorité plus ou moins forte, plus ou moins compacte, a exprimé quelque blâme, a même ma-nifesté l'intention d'un refus de concours, la royauté a la main forcée et doit éloigner ses ministres. La chambre est une; le vote de la majorité est le vote de l'être moral tout entier. La couronne peut, dans ce cas, conserver ses ministres. Mais si l'opposition est si forte qu'elle fasse quelquefois pencher la majorité de son côté, et qu'ainsi elle soit capable d'entraver la marche du gouvernement, n'y a-t-il pas de moyen terme entre le renvoi ou la démission des ministres? Je le trouve dans l'article 42 de la Charte, qui con-tient un principe capital, essentiel dans tout gou-vernement constitutionnel. —Pour en comprendre la haute portée, voyons ce que c'est qu'un député. Le député est le mandataire de ses commettants, chargé de concourir à la discussion générale des af-faires du pays, loyalement, selon ses lumières et sa conscience. C'est donc un mandat général que reçoit le député, car il est de principe incontestable qu'il ne peut y avoir de mandat spécial ni impératif donné par les électeurs au député, puisque les électeurs n'ont pas le droit de délibérer. Car le droit de se réunir en comité ne leur a été réservé que pour s'enquérir de l'opinion des candidats. Le mandat spécial suppose un pouvoir que n'ont pas les électeurs, supposerait des unités locales, des souverainetés politiques localisées. Nous ne serions alors qu'une confédération, comme en Suisse, où il y a autant de souverainetés que de cantons. Les députés à la diète reçoivent des mandats impératifs, et par conséquent ils ont un compte légal à rendre. Ils peuvent être interrogés sur leur vote. Du mandat impératif résulte le *referendum*, le vote avec réserve, ce qui occasionne des lenteurs et des difficultés nombreuses dans la marche des affaires et dans la formation des lois.

Dans le système féodal et provincial des états-généraux, les députés arrivaient chargés de cahiers où on lisait des plaintes, des doléances, des instructions, des recommandations. C'est ce qui fit dire à l'éloquent Mirabeau aux députés qui se croyaient liés par les instructions consignées dans leurs cahiers : Eh bien! messieurs, laissez vos cahiers sur vos bancs, et retournez dans vos provinces.

Mais le jour où le système féodal et provincial fit place à l'unité nationale, les mandats impératifs ne purent plus être donnés aux députés, qui sont tous les députés de la France et non de telle ou telle localité. On conçoit alors qu'un député peut ne pas rester pendant toute la législature, dont la durée est de cinq ans, en conformité d'opinion avec ses com-

mettants ; car il a pu arriver que tel député, élu en
1837, comme devant voter avec l'opposition anti-
doctrinaire, après avoir triomphé, dans la lutte électorale, d'un concurrent versé dans les affaires, dont
le nom, célèbre alors, est avili aujourd'hui par une
condamnation flétrissante, il a pu arriver, dis-je,
qu'il ait été le plus constant défenseur du ministère.
Et quand bien même un député répondrait au vœu
de ses concitoyens, exprimé au moment de l'élection,
ne peut-il pas se présenter, dans l'intervalle de cinq
ans, des événements imprévus, tels que la question
belge, qui modifient ou changent entièrement l'opinion du député ou celle des électeurs. S'il en est ainsi,
ne peut-il pas arriver qu'une chambre renouvelée par
la dissolution, accorde la majorité aux mêmes ministres, comme il peut se faire que le pays envoie des
députés encore plus hostiles à l'administration. La
couronne doit-elle donc s'en rapporter entièrement
à la sagesse de ses ministres, et les laisser juges ab-
solus de l'opportunité d'une dissolution dans la chambre ? Mais si des ministres opiniâtres, ne voulant pas
donner leur démission, se déterminent à contre-
temps à un acte d'une haute gravité politique, et s'ils
le renouvellent plusieurs fois de suite, ne soulève-
ront-ils pas quelque irritation dans le pays, dont ils
s'obstinent à méconnaître la volonté ?

Il est donc évident que tout ministère ne doit pas
succomber nécessairement devant le vote même de

la majorité de la chambre des Députés; car, autre-
ment, l'article 42 serait un non-sens. A qui donc à
juger si le ministère méconnaît le vœu du pays? Nous
sommes amenés à conclure qu'à la couronne seule
appartient le droit d'arrêter ses ministres dans leurs
résistances imprudentes et téméraires.

Si donc la Charte ôte les mains à la royauté, elle
ne la prive pas également des facultés de l'intelligence, de la pensée, de l'examen et du jugement.
Il faut que la royauté pense pour qu'elle puisse examiner ce qui se passe dans les chambres; il faut
qu'elle pense pour examiner l'état du pays légal et
de l'opinion publique; il faut qu'elle puisse juger ses
ministres pour faire cesser leur obstination. Quand
le dernier ministère de la Restauration se montrait
assez aveugle et assez opiniâtre pour se maintenir à
son poste, quand son éloignement suffisait pour faire
cesser la guerre civile, n'eût-il pas été du devoir de
la royauté d'examiner alors autre chose que les sa-
lons et le parc de Saint-Cloud, et de prendre une
détermination salutaire quand il était encore temps.
Ainsi, la pensée de la royauté n'est pas tellement
effacée par la pensée ministérielle qu'elle ne puisse
jamais se dévoiler. Elle se manifeste dans tous les cas
où le ministère non-démissionnaire est éloigné des
affaires par le roi.

La couronne, que la Charte a dotée de prérogatives indispensables à la stabilité du régime consti-

tutionnel, au maintien de nos institutions, n'est-elle pas chargée de veiller à ce que ces prérogatives soient sauves contre toutes les tentatives, de quelque part qu'elles viennent? N'est-ce pas pour cette haute surveillance que la royauté est nécessaire dans notre organisation politique? L'administration est variable, inconstante; la royauté est perpétuelle. Une interruption pourrait lui être funeste. Si l'on suppose que la royauté puisse se reposer entièrement sur les ministres de toute la sollicitude, de tout le soin qu'exige le gouvernement d'une grande nation, qu'elle doive dormir pendant que veillent ses ministres, jusqu'à ce qu'un bruit parti du palais Bourbon lui annonce qu'elle a d'autres ministres à choisir, et qu'après avoir accompli sa mission, elle s'abandonne de nouveau au sommeil, il faudrait que les ministres, toujours faillibles dans leurs rapports avec les représentants de la nation, soient des mandataires infaillibles à l'égard de la couronne.

Cependant il peut se rencontrer des ministres qui, peu touchés de leurs devoirs et jaloux d'acquérir de la popularité, trahissent la royauté en abandonnant une à une ses prérogatives les plus essentielles. Et, pour sortir du vaste cercle des hypothèses, ne sait-on pas qu'un ministre de Louis XVI, Necker, fit élire, contrairement à l'ancien usage, un nombre de députés du tiers-état égal à celui des deux premiers ordres; cet acte, qui a eu de graves conséquences, décelait assez l'intention qu'avait le ministre de faire voter les députés par tête et non par ordre. Je ne veux pas ici juger de la convenance de cette mesure, je ne fais qu'en signaler l'illégalité.

C'est surtout dans le choix de ses conseillers que la royauté a besoin d'examen, de réflexions sérieuses et d'un jugement profond. Choisir des hommes qui répondent à la fois aux besoins du pays, et dont la moralité donne à la royauté des garanties pour la conservation de ses prérogatives, c'est là le cachet qui caractérise l'intelligence personnelle d'un roi constitutionnel. Tel ministère convient-il mieux que tel autre en telle circonstance? Peut-on prendre, pour diriger le gouvernement, cet homme qui proclame d'avance vouloir suivre tel système politique; ce système convient-il mieux au pays que celui qu'on a suivi jusqu'alors? Peut-on, sans danger pour les institutions, s'avancer jusqu'à telle ou telle fraction de la chambre, ou faut-il nécessairement s'arrêter à telle autre, sous peine de mort pour la constitution? Ce sont là autant de problèmes que la royauté doit résoudre dans sa haute sagesse.

En avançant cette dernière proposition, qui consiste à dire que le roi qui veut choisir des ministres doit s'arrêter à telle fraction de la chambre, je ne crois pas pousser trop loin mon système. En effet, s'il est vrai que tous les députés sont de droit les représentants de la France, il n'en est pas moins vrai en fait les députés ne sont pas tous animés du même zèle pour le maintien de la Charte de 1830. Les électeurs peuvent nommer député tout Français qui réunit les conditions exigées par la loi, et la loi ne reconnaît pas des incapacités d'opinion. Les électeurs se laissent souvent influencer dans leur vote par d'autres considérations que celle des vues hostiles du candidat à l'égard du gouvernement. On pourrait même dire des hommes éminents qui semblent être inamovibles sur leur siége parlementaire, que ce sont leurs talents qui les ont faits députés. Les électeurs pensent que ce grand orateur, cet homme remarquable par son expérience des affaires de l'État mérite d'éclairer les discussions par ses lumières et par telle ou telle connaissance spéciale, et ils jugent que, quand même celui qu'ils chargent de l'importante mission de les représenter se ferait remarquer dans les rangs les plus avancés de l'opposition, il est bon que dans un gouvernement constitutionnel il y ait une opposition, sans laquelle les actes du gouvernement ne seraient pas suffisamment contrôlés. Mais il y a une grande différence entre le député et le ministre. Celui-ci, qui tient en main tant d'instruments, ne peut-il pas les mettre en usage pour renverser le chef-d'œuvre de 1830? Aussi n'oserions-nous pas dire que des électeurs qui ont prêté serment à la Charte et au roi donneraient leurs suffrages à un candidat évidemment hostile à nos institutions, s'ils savaient que son vote peut contribuer puissamment à les renverser ; ils reculeraient plutôt devant de telles conséquences. Ajoutons qu'au moment de l'élection, dans un arrondissement, on ne connaît pas le résultat général des élections dans toute la France. C'est donc à la royauté à montrer l'abîme qui s'ouvre devant nos libertés, à en appeler au pays mieux informé, dans le cas où il n'y aurait pas d'autre alternative entre un ministère anti-dynastique et l'impossibilité de confier le gouvernement à des hommes amis de nos institutions.

Sans doute, cette hypothèse que permet la théorie est purement spéculative ; elle ne se réalisera pas en pratique. Mais arrivons au cas où il s'agirait, non d'un changement complet dans la constitution, dans le gouvernement, en un mot d'une révolution, mais où il s'agirait seulement d'un changement de système politique. Il peut y avoir dans la chambre une opposition moins menaçante, hostile à l'administration, ennemie du système politique en vigueur. Quelle est, dans ce cas, la ressource légale du gouvernement, surtout si la nation se trouve, comme aujourd'hui, à une époque de transition d'un état normal à une situation anormale, d'un état prospère à un état qui peut occasionner de grands revers, des pertes incalculables, irréparables, et de terribles calamités ; en un mot, quand il s'agit de passer d'un état de paix à un état de guerre.

In pari causa potior est qui possidet. Dans le doute, le système en vigueur, l'état normal doit être préféré. Avant que la royauté appelle auprès d'elle nos Pitt d'aujourd'hui, elle doit examiner si les injures que la nation veut venger, si les griefs du pays peuvent être réparés par des moyens pacificateurs. L'art du droit inter-national, la diplomatie fournit mille moyens de transaction, d'arrangements amiables : les représentations, les explications, les plaintes, les redressements, les médiations, les arbitrages. Avant d'arriver à l'état d'hostilité, qui est le *summum jus* des nations, avant de tenter le hasard des combats, de se provoquer à un duel où l'une des deux doit être détruite ou du moins fortement compromise dans son existence, et où l'autre sera peut-être épuisée par sa victoire, il ne faut pas que la royauté, chargée de défendre l'honneur national et de protéger les intérêts matériels du pays, oublie les grands et inappréciables intérêts de l'humanité. Nous ne sommes pas éloignés d'une époque où l'humanité a été indignement outragée, cruellement flagellée. Si quelques guerres justes et vraiment nationales ont été entreprises sous l'empire et soutenues par de nobles efforts, pourrait-on dire également qu'avant de les entreprendre, tous les moyens pacificateurs aient été employés avec le désir de les voir réussir ? L'empereur n'a-t-il toujours cédé qu'à l'impérieuse nécessité, en lançant ces arrêts de mort contre tant de victimes de sa passion pour la guerre et de son ambition, qui n'eut de bornes qu'à Waterloo et à Sainte-Hélène.

Les peuples anciens traitaient les étrangers de barbares ; les Égyptiens surtout, exposés aux incursions de hordes étrangères indisciplinées et sans frein, avaient l'étranger en horreur au point que le signe hiéroglyphique qui exprime l'horreur est un étranger. Mais la civilisation moderne, éclairée par une religion qui a proclamé le grand mot de fraternité, a rapproché les nations et a établi entre elles de nombreux rapports, des liens qui ne doivent pas se rompre légèrement. Cependant, qu'on y prenne garde ! des brasiers sont encore couverts dans quelques parties de l'Europe ; malheur à la main qui en soulèvera la cendre ! Une étincelle suffit pour allumer un grand incendie. Une cause bien légère alluma la fameuse guerre de trente ans. Elle parut d'abord peu importante, mais les discordes religieuses fournirent alors des aliments à la guerre. Elle embrasa bientôt toute l'Europe, et elle dura jusqu'à ce qu'enfin les deux principes religieux, désespérant de s'anéantir réciproquement, s'aperçurent qu'il valait mieux se placer l'un à côté de l'autre et vivre en paix. Aujourd'hui deux principes opposés sont encore en présence ; le temps, la patience et la sagesse des gouvernements feront plus que toutes les fureurs de la Convention. Assez long-temps ils ont été aux prises, assez long-temps les nations se sont décimées. Le jour n'est-il pas arrivé de reconnaître, comme au traité de Westphalie, que ces deux principes peuvent rester assis en Europe l'un à côté de l'autre? Ne pourrait-on pas espérer les amener plus facilement à une transaction, que les deux principes catholiques et protestants qui ne savent pas transiger? Dans le cours des années, le libéralisme et l'absolutisme se modifieront l'un par l'autre et en viendront à se fondre, au point que l'Europe civilisée pourra se flatter un jour d'avoir trouvé le *criterium* de la vérité politique.

Mais si tous les efforts des hommes amis du progrès, amis de la paix, ne pouvaient prévenir ce choc terrible des nations, ne pouvaient arrêter ces tendances à la destruction; si le pays légal manifeste hautement et clairement le désir de sacrifier ses trésors et le sang de ses enfants, alors la royauté doit marcher avec le pays; ses intérêts sont inséparables de ceux de la nation. La royauté, qui est légalement inviolable, n'encoure aucune responsabilité morale en cédant à la force des circonstances. Car, selon nous, la royauté a aussi une conscience, elle a des devoirs à remplir comme des droits à exercer. La royauté n'est pas responsable aux yeux de la morale, plus qu'elle ne l'est aux yeux de la loi, des actes du gouvernement, puisque ce n'est pas la royauté qui a le droit de les faire; mais elle est responsable moralement de tous les actes injustes du gouvernement qu'elle aurait pu prévenir, qu'elle aurait pu empêcher, en s'entourant d'hommes plus amis de la justice.

C'est un système bien étrange que celui qui nous amènerait à conclure que, tandis que tous les hommes sont destinés au travail, la royauté seule peut se reposer ; que le personnage qui est revêtu de la plus haute dignité que puisse conférer une nation, doit non-seulement s'abstenir de tout acte extérieur, mais qu'on veuille lui interdire toutes les opérations de la pensée. Peut-on ne lui attribuer aucun mérite de ses bonnes intentions, de ses résolutions généreuses, de ses vertueux désirs ; peut-on ne pas faire peser sur sa conscience ses erreurs et ses fautes ?

Quelque soin qu'on prenne pour couvrir la personne royale, les yeux du simple vulgaire l'aperçoivent derrière le voile dont on veut l'envelopper. J'aime mieux la présenter au peuple comme une providence humaine qui veille sans cesse à ses besoins, et qui s'entoure d'hommes fidèles, interprètes de sa pensée éclairée, qui agissent conformément à la sagesse de ses vues, et à la droiture et la pureté de ses intentions.

Contre cette interprétation de notre fameuse maxime, on invoque les usages anglais. Les rois de la Grande-Bretagne ont pu, sans danger pour leur trône, se reposer des soins du gouvernement sur leurs ministres. Ce roi Georges, dont les Anglais ont

flétri la mémoire, a même pu se plonger dans la dé-
bauche et l'immoralité la plus révoltante sans avoir
lieu de craindre pour sa couronne. Car le parti conservateur fut long-temps puissant en Angleterre.
Depuis l'avénement de Georges III au trône, en 1762,
on ne comptait, à la fin de 1834, que vingt-un ministères. Les tories avaient gouverné pendant soixante-
quatre ans, et les wighs, seulement pendant neuf
ans. La royauté anglaise n'a pas cependant abdiqué
tous ses droits dans l'influence qu'elle peut exercer
dans le maniement des affaires de l'État. On se sou-
vient qu'en 1834, à la formation du ministère Robert
Peel, on accusa le roi Guillaume de manifester de la
prédilection pour les tories. Mais, en supposant que
la reine Victoria ne soit pour les Anglais qu'un personnage d'apparat, dont le rôle se borne à se présenter au parlement avec tout l'éclat extérieur de la
majesté royale, et à lire, la couronne en tête, un
discours fait par les ministres à l'ouverture et à la
clôture des chambres; nous sommes forcés de convenir que l'organisation politique et sociale n'est pas
la même qu'en France; que les Anglais ont de l'affec-
tion pour leurs princes; qu'ils sont loin de leur révolution de 1688 et de 1714; que la dynastie des
Stuarts est entièrement éteinte aujourd'hui, et que
l'élément radical est bien peu développé dans la
Grande-Bretagne. Si O'Connell agite parfois l'Irlande,
c'est qu'il veut obtenir pour l'Irlande la liberté poli-

tique comme la liberté religieuse. O'Connell n'est pas anti-dynastique ; il a salué de ses acclamations répétées l'avénement de la nouvelle reine, il se fait wigh quand il espère obtenir quelques-uns des droits qu'il réclame, et il est Irlandais quand la chambre des lords résiste à ses justes exigences.

Il n'y a donc que deux partis qui puissent se disputer le pouvoir, les wighs et les tories. En outre, l'élément progressif est fortement contrebalancé par le contre-poids immense d'une aristocratie territoriale dont les hautes fonctions politiques sont héréditaires. L'aristocratie sait que son existence se lie étroitement au maintien du trône et de la constitution. Et, si les progrès font désirer des réformes, ce n'est qu'après de longs efforts qu'on peut enfin obtenir des modifications dont la nécessité se fait généralement sentir. On les accorde une à une et lorsqu'il y aurait danger à les refuser. C'est ainsi que depuis que le bill de réforme a été adopté, on a procédé lentement ; on a attendu la maturité pour en cueillir les fruits.

L'Angleterre, qui nous a devancé dans la voie du régime constitutionnel, est encore bien loin derrière nous sous plusieurs rapports. Ainsi, la liberté religieuse, bien comprise aujourd'hui en France, après de funestes erreurs, après quelques variations, est encore une grave question qui préoccupe les esprits en Angleterre. Ainsi le régime municipal, si favorable à nos intérêts locaux, n'est pas encore accordé aux dissidents d'au-delà de la Manche.

En Angleterre, l'église nationale qui croulerait avec la constitution et le trône, exerce la plus notable influence sur les masses et au sein du parlement. Le clergé s'attache à la cour comme le matelot naufragé à la planche de salut.

De tous ces éléments conservateurs, quels sont ceux que la révolution de juillet a laissés au gouvernement? La noblesse, qui espérait obtenir de la Restauration plus que des titres honorifiques, qui espérait recouvrer au moins une partie de son ancienne prépondérance, n'a pu voir d'un œil satisfait son influence s'effacer devant celle de la classe moyenne. Elle garde rancune à la dynastie de juillet qui s'est vue dans la nécessité de la repousser de son dernier retranchement en abolissant l'hérédité de la pairie.

Quels sont les rapports de l'église de France avec l'État, avec le gouvernement d'aujourd'hui? Pour comprendre la position délicate où elle se trouve placée vis-à-vis de la société politique, je pense qu'il ne sera pas hors de propos de rappeler des faits accomplis dans des temps plus ou moins reculés.

Si nous envisageons la société religieuse d'un autre point de vue que celui qu'offre l'époque où nous vivons; si nous la suivons dans les siècles passés, notre impartialité sera forcée de reconnaître que la

nation française lui est redevable d'immenses bienfaits. Les hordes de barbares qui avaient détruit
l'empire romain furent vaincus à leur tour par l'é-
glise chrétienne, qui seule fut capable d'arrêter leur
fureur, de mettre un terme à leurs dévastations et
à leurs cruautés. L'église conserva et réchauffa dans
son sein les œuvres du génie menacées d'une entière
destruction. Elle avait arrêté la marche dévastatrice
de ces peuples qui ne savaient que détruire ; elle en-
treprit de les fixer, de les civiliser.

Des hommes dévoués au service de la religion,
animés d'un zèle plus qu'humain, ne craignirent pas
de se placer au milieu des forêts, dans des plaines
incultes, que des hommes farouches parcouraient le
fer à la main, et ils parvinrent à adoucir leurs mœurs
sauvages, et à leur faire chercher dans le travail ce
qu'ils n'obtenaient auparavant qu'à la pointe de l'é-
pée. Telle fut l'origine et le motif des institutions
monastiques. Saint Basile, en Orient, et saint Benoit,
en Occident, en furent les premiers législateurs.
Grâce aux constants et généreux efforts de ces colo-
nisations religieuses, les terres, autrefois incultes,
produisirent des récoltes, de vastes marais furent
desséchés, et des moissons mûrirent là où naguère
on n'avait vu que d'épaisses forêts.

Les populations errantes se réunirent autour de
leurs demeures, et c'est alors que prirent naissance
la plupart de nos bourgs et de nos villages. Alors il

fut plus facile de développer le germe civilisateur que le débordement des races du nord n'avait pas entièrement étouffé. C'est donc l'église chrétienne qui opéra cette prodigieuse transformation. Aussi son influence devait grandir, et elle atteignit son apogée au quinzième siècle. Mais les successeurs de ces pieux cénobites, qui avaient arrosé de leurs sueurs la terre française, n'avaient plus qu'à jouir du fruit de tant de travaux dans la vie contemplative. Ces établissements ne se recrutaient plus parmi les hommes laborieux, mais parmi les cadets de la noblesse qui leur apportaient leurs richesses. Des personnages fortunés, croyant racheter les fautes de leur vie par des dispositions testamentaires, en faveur de ces ordres religieux, augmentaient chaque jour leurs immenses richesses. Rome, qui les avait secondés et encouragés dans l'origine, prétendait avoir seule, à l'exclusion du pouvoir civil, le haut domaine, la haute juridiction sur les choses comme sur les hommes. La puissance civile s'alarma de voir une notable partie du territoire national relever d'une puissance étrangère. De là des querelles et des disputes scandaleuses entre le pouvoir civil et le pouvoir religieux, qui finirent en Angleterre par le schisme, sous Henri VIII, et en France par le concordat entre Léon X et François Ier.

Ici commence une nouvelle ère pour l'église. La juridiction du pouvoir civil, sur les biens des communautés religieuses, n'était plus contestée. C'était à la cour que se trouvait la source des grâces et des faveurs. L'église s'unit encore plus étroitement au pouvoir civil quand elle eut à se défendre contre l'envahissement de la réforme. Cette ennemie puissante, qui proclamait l'indépendance de la raison, menaçait à la fois le trône des rois et le siége pontifical. Rome alors n'osa plus se dire la suzeraine des empereurs eux-mêmes, elle se fit vassale de Charles-Quint.

Cependant les peuples abandonnés de leurs protecteurs étaient restés dans le servage de la féodalité dont ils supportaient le joug avec impatience. Le clergé français, allié de la couronne, loin d'employer son influence pour délivrer nos serfs de l'oppression, leur prêchait l'obéissance à l'autorité, quelque dure qu'elle se fît sentir. Il est à regretter que les ministres d'une religion qui avait aboli l'esclavage n'aient pas parachevé leur mission. Les maux de l'humanité étaient grands alors; un homme vraiment animé de l'esprit de l'évangile en fut touché. Comme Moïse, il quitta la cour pour guérir bien des plaies, pour soulager bien des souffrances. Mais les miracles de la charité de saint Vincent de Paul n'avaient pas tari la source de tous ces maux. L'inégalité la plus choquante séparait les conditions. Le serf voulait l'égalité civile.

Il ne pouvait attendre sa délivrance de la monarchie absolue, qui, après avoir long-temps lutté contre la féodalité, avait enfin fait la paix avec elle, quand elle eut mis son ancienne ennemie hors d'état de lui nuire à elle-même. Jamais ses efforts égoïstes n'avaient eu en vue d'alléger les souffrances de la classe la plus nombreuse de la population.

C'est dans ces graves circonstances que parurent en France des hommes doués de talents supérieurs. Ces ennemis déclarés de l'église s'armèrent, chose remarquable, de deux principes évangéliques pour attaquer à la fois le trône et l'autel; et ils firent marcher à grands pas la France vers la révolution de 1789 et vers la conquête de la liberté civile.

La féodalité et la puissance politique du clergé furent détruites en même temps, la fameuse nuit du 4 août. Mais le peuple vainqueur, poussant à l'excès ses vengeances, fit une guerre à outrance à ses trois ennemis, et on vit un roi, dont les sentiments d'humanité, dont les intentions pures et vertueuses méritaient un meilleur sort, immolé en expiation des fautes de ses prédécesseurs. L'église alors compta aussi ses martyrs.

La fureur d'un peuple effréné était lassée, sa colère était apaisée; l'autel et le trône furent relevés par une main puissante. La reconnaissance attacha l'église de France à son bienfaiteur, comme l'église du monde romain, persécutée pendant trois siècles, s'était attachée au trône de Constantin. Mais l'em-

pereur voulut faire acheter cher sa protection. Plus
politique que religieux, il ne comprenait l'église que
comme un instrument dont il voulait se servir pour
affermir sa puissance dans la nation. Celui qui nour-
rissait dans son esprit ambitieux le projet de faire de
la France le centre de la monarchie universelle, con-
çut aussi celui d'en faire le centre de l'unité religieuse. Le clergé français, menacé d'un schisme, vit
avec joie monter sur le trône un prince qui ne serait
plus son tyran.

On sait l'union intime et étroite qui se forma entre
la dynastie des Bourbons et les ministres de la religion
de l'État. Elle dut se rompre à la révolution de juillet.

L'église de France est encore aujourd'hui l'objet
des accusations haineuses des disciples de la philosophie du dix-huitième siècle. Ils tremblent de voir
se former entre elle et la dynastie régnante des
liens que la tendance philosophique de 1830 croyait
avoir complètement rompus.

L'église veut-elle rester neutre dans les affaires de
l'État, et se borner à exercer l'influence morale et
religieuse que la Charte lui permet d'exercer sur la
majorité des Français? ou bien veut-elle renouer
avec le trône une union qui éveillerait les suscepti-
bilités et exciterait les alarmes de la philosophie?
L'expérience du passé lui servira pour l'avenir. La
dynastie de juillet et l'église de France comprennent
qu'une union entre elles serait aussi funeste au trône

qu'à la religion. Le gouvernement de juillet n'a donc, avec le clergé catholique, que des relations légales. Il lui doit aide et protection comme à tout autre culte qui n'est pas celui de la majorité.

Ainsi le trône se trouve privé d'un appui que recherchèrent l'Empire et la Restauration ; il n'a pas, comme celui de la reine Victoria, le concours d'un clergé puissant par ses immenses richesses et son influence morale sur le peuple. Car les Anglais voient avec satisfaction l'union de la royauté avec leur église nationale.

Quoique la royauté ne trouve ni dans l'église, ni dans la noblesse ancienne des garanties pour sa stabilité, il lui serait encore possible de se soutenir d'elle-même, de se reposer sans danger, si elle avait, comme la royauté anglaise, le concours du reste de la nation. Mais si nous considérons les assemblées représentatives qui se sont réunies depuis 1830 comme des miroirs où se reflète plus ou moins fidèlement la physionomie de l'esprit public en France, nous serons forcés de convenir que l'opinion, au lieu de se montrer sous deux nuances, comme en Angleterre, présente des couleurs opposées et fortement tranchées. Les neuf ans qui nous séparent de 1830 n'ont pas encore détruit les espérances de ceux qui portent encore leurs regards vers une dynastie déchue et condamnée par la France de juillet à un exil perpétuel.

Tous les amis de la liberté unirent, en 1830 comme en 1789, leurs efforts pour renverser l'obstacle qui s'opposait aux progrès de la nation. Mais après ces deux révolutions, les vainqueurs, ne pouvant s'entendre sur les fondements et la forme qu'il fallait donner au nouvel édifice, se fractionnèrent et devinrent des ennemis irréconciliables. En 1791 ce furent les partisans du système de Jean-Jacques qui triomphèrent. Le 9 août sanctionna la théorie de Montesquieu. La république a encore son drapeau, elle compte des chefs qui ne dissimulent pas leurs projets, même au sein de la chambre des députés. On a entendu M. Garnier-Pagès prononcer ces paroles à la tribune : « Je vote l'adresse de la commission, mais sans modification aucune de notre opinion ».

Reste donc à l'appui de l'ordre nouveau des principes consacrés en 1830, la portion dynastique de la chambre, divisée elle-même en trois fractions, professant chacune des principes politiques différents : la doctrine, le tiers-parti et la gauche dynastique. Ces trois fractions, jointes à l'extrême gauche et à la droite, sont actuellement liguées contre le ministère du 15 avril, qui n'est ni doctrinaire, ni tiers-parti, mais qui tient le milieu entre MM. Thiers et Guizot.

Voilà donc les seuls éléments de conservation sur lesquels puisse s'appuyer le gouvernement de juillet, si toutefois on peut appeler conservateur un parti qui touche de si près à M. Garnier-Pagès, et qui aurait besoin, pour se soutenir au pouvoir, de recourir au dangereux moyen d'une réforme électorale, étendue à tout citoyen faisant partie de la garde nationale.

Pour nous faire une juste idée de la situation présente de la France, il nous faut remonter jusqu'à 1830, et examiner la marche qu'a suivie jusqu'à ce jour le gouvernement de juillet.

Une révolution venait de s'accomplir, les conditions de son existence venaient d'être arrêtées par le pouvoir législatif, acceptées et jurées par le premier prince de la dynastie d'Orléans. Les bases des libertés que voulait la France étaient posées, et la nation se montrait résolue à les soutenir envers et contre tous. L'étranger voulait-il y porter la main? Telle était la question qui préoccupait vivement le gouvernement dirigé par M. Dupont (de l'Eure) et par M. Laffitte.

La nation se montra toute armée en face de la sainte-alliance, et elle était prête à relever le gant plutôt que de consentir à se voir imposer pour la troisième fois une dynastie qui ne pouvait pas suivre la marche progressive de la société française. La France voulait demeurer telle que l'avait faite la révolution, et y occuper ainsi sa place en Europe.

Mais, soit que l'étranger se sentît saisi de crainte pour lui-même et de respect pour l'attitude guerrière de la nation, soit qu'il se souvînt de la lutte

terrible qu'il lui avait fallu soutenir si long-temps,
il déposa les armes sans coup férir et consentit à laisser déchirée une page du traité de 1815. Il fit la paix
avec la France de juillet, à laquelle il reconnut le
droit de faire chez elle ce que peut faire toute nation
indépendante qui ne relève que d'elle-même et de la
divinité.

Ainsi, la paix que Napoléon, au retour de l'île
d'Elbe, ne put obtenir de la sainte-alliance, du père
de Marie-Louise, malgré les assurances qu'il faisait
alors de n'être plus que l'empereur des Français et
non le fléau de l'Europe, malgré la nouvelle levée de
boucliers qu'il venait de faire, malgré l'ardeur guerrière de la vieille garde, animée du désir de venger
la honte de la prise de Paris, cette paix fut accordée à
Louis-Philippe en 1830, au grand avantage de la
France, de l'Europe et de l'humanité.

Mais le gouvernement devait-il, pouvait-il ne tenir
aucun compte de cette reconnaissance? Était-il juste
et raisonnable qu'il prît l'offensive? L'état de paix
est l'état de santé des nations, état dans lequel tous
les membres du corps social fonctionnent régulière-
ment, où leurs forces se développent et produisent
tous leurs effets. L'état de guerre est l'état de ma-
ladie des peuples. Une fièvre ardente peut produire,
il est vrai, des résultats merveilleux que l'on appelle
victoires; mais après de grands efforts, de brillants
succès, arrive souvent l'état léthargique de 1815. La

France ne devait donc pas lancer le brûlot de l'incendie qui devait embraser l'Europe entière.

Mais le contre-coup de la révolution s'était fait sentir ailleurs. La France devait-elle marcher partout où
quelque mouvement populaire aurait appelé son drapeau? Devait-elle porter le dévouement et l'abnéga-
tion d'elle-même jusqu'à sacrifier toutes ses ressour-
ces pour tenter l'impossible? Voilà le grand problème
qui fut proposé à tous nos hommes d'État et qui fut
diversement résolu. Les uns, croyant que la France
était destinée à porter, comme les chevaliers errants,
la lance partout où il y avait des torts à redresser, des
injures à punir, voulaient méconnaître tout traité et
faire partout de la propagande armée. D'autres moins
chevaleresques, consultant avant tout les intérêts de
la France et se rappelant qu'une guerre de vingt-cinq
ans, que le fondateur du grand duché de Varsovie
n'avaient pu rendre à la Pologne sa nationalité, que
l'empereur disait d'une contrée moins éloignée: La
configuration géographique de l'Italie est un obstacle presque invincible à son indépendance, à son
unité nationale; ces hommes ne voulurent que le
possible en se bornant à seconder de tous leurs efforts
le mouvement national d'un peuple qui devait servir
de garde avancée à la frontière du nord. Si le gouvernement de juillet eût adopté le système de guerre
générale, les tories n'auraient-ils pas profité de cette
circonstance pour reconquérir en Angleterre le pou-

voir qu'ils venaient d'être forcés d'abandonner aux wighs alliés du gouvernement pacifique de juillet et amis de la réforme politique réclamée par la nation anglaise. On sentait d'ailleurs la nécessité de rétablir à l'intérieur l'ordre troublé par une grande commotion politique. Il fallait consolider ce qui venait d'être établi. Et si l'on peut abattre en peu de temps un vieil édifice, la reconstruction du temple de la liberté ne s'opère pas en trois jours, comme celle du temple du christianisme. En effet, l'ébranlement de 1830 n'avait pas encore cessé, le sol français tremblait encore trop souvent et inspirait de justes craintes aux amis de la paix, de l'ordre et de la sécurité. L'émeute n'était pas encore rentrée chez elle ; elle levait la tête haute dans les rues de la capitale et écoutait avec fierté les paroles calmes et populaires de MM. Lafayette et Laffitte. Elle devenait de jour en jour plus audacieuse et plus menaçante. Il fallait donc un changement d'administration ; la France désirait le 13 mars.

L'énergie du ministère Périer rassura le pays, qui se persuada dès-lors qu'il ne serait pas entraîné au-delà des limites d'une liberté sage et modérée.

L'ordre dans l'État est le cachet d'un bon gouvernement ; la puissance de se faire obéir est la condition première de sa stabilité. A la vue de cette nouvelle direction imprimée aux affaires de la France par la fermeté du nouveau ministère, les puissances étrangères ajoutèrent foi à l'existence, qui leur paraissait jusqu'alors douteuse, des institutions de 1830. Le gouvernement était assis, il pouvait entretenir avec elles des relations pacifiques et certaines sur lesquelles elles comptaient désormais.

Malgré cet engagement que pouvait tenir un gouvernement devenu fort au-dedans et respecté au-dehors, il fut loin d'oublier son origine. Il protégea la liberté partout où elle pouvait s'établir sans risque pour le maintien de la paix que voulait la France et l'Europe. Ainsi l'indépendance de la Belgique fut reconnue par le ministère. Il fallait aussi la faire reconnaître par les autres puissances. De là le traité des 24 articles qui ne laissait à la Hollande que le Limbourg et le Luxembourg. Le roi Guillaume, qui espérait encore recouvrer les autres provinces méridionales par la force des armes, ne voulut pas le ratifier. Mais le gouvernement français lança contre la Hollande un interdit qui fut soutenu par l'expédition de 1831.

Malgré cette intervention armée faite en faveur de la liberté, le ministère du 13 mars fut en butte à une vive opposition, comme il arrive presque toujours dans les circonstances difficiles. Les passions politiques vaincues dans la rue s'exhalèrent avec violence dans la presse et jusque dans la chambre élective. Les libertés qu'on travaillait à consolider étaient menacées aux yeux des partis ligués contre un ministère que sa fermeté et son zèle pour le bien public, pour le salut de la patrie, devait rendre cher à tous les Français. Enfin Casimir Périer ne cessa de lutter contre les obstacles et les difficultés que lui suscitait l'opposition que lorsqu'il cessa de vivre.

Pour rétablir l'union et l'accord dans la chambre des députés, la couronne appela au gouvernement une de nos plus grandes gloires militaires, dont nous devons être encore plus fiers aujourd'hui, en pensant à l'accueil flatteur qu'elle reçut naguère chez une nation long-temps la rivale de la France, maintenant son alliée. Le duc de Dalmatie fut président du ministère du 11 octobre 1832. L'épée du maréchal aurait pu faire croire à un changement de système ; mais le premier soin de ce nouveau président, peu habitué à jouer le rôle des Luynes et des Concini, fut de proclamer, dans son programme, que son système serait la continuation de celui du 13 mars. Est-il nécessaire de répéter ici toutes les récriminations qui faillirent enlever au maréchal-ministre la réputation qu'il avait acquise à la tête de nos armées, par tant de fatigues, par tant de succès. Le vainqueur de Toulouse échoua devant les forts détachés.

La position ne fut pas plus tenable pour les ministères Broglie et Mortier. Des dissidences de vues parmi les ministres, les attaques incessantes de l'opposition amenaient la dissolution des ministères presque aussitôt qu'ils étaient formés. Aux yeux des ennemis de quiconque se trouve au pouvoir, les ministres étaient des Walpole, des Mazarin, et même des Richelieu; on leur faisait grâce toutefois des titres de gloire de ces hommes célèbres.

Il n'est pas nécessaire de parler du ministère Bassano, qui a péri en naissant; sans doute qu'il n'était pas né viable, quoiqu'il eût tous ses membres. Presque tous étaient des hommes nouveaux pour le gouvernement de 1830. Les noms de quelques-uns de ces ministres nous serviront à constater que, dès lors, la chambre, déjà si variée, si fractionnée, subissait un nouveau fractionnement. Je veux parler de la naissance du tiers-parti. Ce fait doit être remarqué dans notre histoire parlementaire; car cette fraction, si petite dans l'origine, devait grandir en recrutant un nouveau chef long-temps ministre, et devenir si puissante, qu'en 1839, toutes les autres, même celle de la doctrine, devaient se mettre à son service, s'éclipser pour un moment devant elle, et marcher comme un seul homme contre le ministère du 15 avril.

Le tiers-parti ne pouvait déployer ses puissants moyens avec des collègues comme MM. Bassano, Bresson et Bernard; il remit à un autre temps la réalisation de ses espérances. Il voulait régner, et régner seul. La France dut encore subir pendant quelque temps des combinaisons d'éléments hétérogènes. Enfin, le tiers-parti se dessine avec un coloris qui efface les autres nuances de l'opposition; M. Thiers s'en proclame le chef, et y prend ses collègues du 22 février 1836. Le nouveau cabinet aura-t-il une majorité forte et compacte dans la chambre; l'opposition sera-t-elle hors d'état de nuire à la marche du ministère, à ses hautes vues, à ses vastes projets. Le ministère du 22 février suivit les errements des précédents, et échoua après une courte durée.

M. Thiers, qui avait fait partie de toutes les combinaisons ministérielles depuis le 13 mars, M. Thiers voulut cette fois tenir ferme, et rester fidèle à la nouvelle foi politique qu'il venait d'embrasser, et fit le grand sacrifice de son portefeuille, sans y renoncer toutefois pour toujours.

Un homme d'État, qui avait mérité de faire partie d'un des premiers ministères formés après la révolution, fut chargé de composer le cabinet du 6 septembre. Mais il fut assez mal avisé pour s'associer un homme qui, comme M. Thiers, avait toujours paru indispensable dans presque toutes les combinaisons ministérielles. Et en cela, M. Molé ne fut pas plus coupable que les présidents de tous les ministères antérieurs. Car les talents remarquables de M. Guizot, et sa coopération active à la chute de la Restauration, avaient fait oublier ses précédents de 1815, et l'avaient fait regarder comme un homme nécessaire. Ce ministre ne crut pas devoir suivre l'exemple que lui donnait M. Thiers, dont il avait été long-temps le collègue presque inséparable.

M. Guizot fit donc encore partie du ministère du 6 septembre. Cet homme d'État avait eu le temps d'étudier tous les rouages de la machine gouvernementale; il en connaissait toute la complication, et avait quelquefois, dans sa longue pratique, rencontré des moments d'arrêt, des secousses qui en avaient dérangé la régularité. Le chef de la doctrine prêta la main à toutes les réparations, aux améliorations qu'il jugeait nécessaires. Persuadé que la presse battait en brèche nos institutions, et qu'elle dirigeait ses batteries principalement contre la royauté, qui en est le complément nécessaire, M. Guizot avait été l'auteur des fameuses lois de septembre 1835. C'était, aux yeux de cet homme praticien, un rempart indispensable pour mettre le monument de juillet à couvert des coups redoublés des partis. Mais la pensée réparatrice de M. Guizot ne s'arrêtait pas à ce premier succès, il fallait flanquer encore l'œuvre de septembre des lois de non-révélation, de déportation, de disjonction. Cette dernière lui paraissait la conséquence nécessaire des événements de Strasbourg. L'opposition s'alarma; ces projets étaient à ses yeux plus dangereux pour la liberté que les forts détachés pour la sécurité de la capitale. Les antécédents de M. Guizot lui furent reprochés avec aigreur et animosité. On ne voyait dans tous ces actes que la tendance rétrograde de la doctrine. L'opposition regardait ce ministre comme le président effectif du conseil. La lutte s'engagea donc corps à corps entre le tiers-parti et la doctrine. M. Thiers pensait que le jour était arrivé de reconquérir le pouvoir, et d'en éloigner à jamais celui qui n'avait pas consenti à y renoncer avec lui.

Après plusieurs jours d'un combat à outrance, dont l'occasion plutôt que la cause fut la proposition de la loi de disjonction, le ministère fut en complète dissolution.

La coalition anti-doctrinaire, à la tête de laquelle marchait le tiers-parti, la coalition de 1837 avait dirigé tous ses coups contre ceux des ministres qui suivaient la bannière de M. Guizot. Ils devaient donc se retirer du pouvoir, car l'opinion publique s'était aussi prononcée contre eux.

Mais l'embarras fut grand quand il fallut recomposer un ministère qui pût avoir la majorité dans la chambre. Pouvait-on combiner la doctrine avec le tiers-parti dans le nouveau cabinet. C'était de toute impossibilité, car une rupture éclatante venait de les séparer. Le tiers-parti pouvait-il se soutenir avec ses seules forces? Pas davantage. Car il avait fait ses preuves, et témoigné de son impuissance après le 22 février. Et d'ailleurs la doctrine, désormais son ennemie, quoique perdue dans l'opinion, quoique détrônée par le tiers-parti, était capable de venger sa défaite. M. Thiers ne pouvait donc pas profiter des dépouilles de son ennemi terrassé.

Cet ex-ministre s'abusait, lorsqu'il pensait pouvoir réunir au tiers-parti les membres de la chambre qui, assis sur les bancs du centre, avaient toujours prêté leur appui aux précédents ministères qui, tous, avaient suivi le système politique du 13 mars et du 11 octobre La paix avec l'Europe, la neutralité à l'égard des nations où la lutte est encore engagée entre le pouvoir absolu et le régime constitutionnel : telle était leur opinion ; telle était celle de la fraction doctrinaire, éloquemment soutenue dans un brillant débat ; telle était celle de la fraction légitimiste au sujet de l'intervention armée en Espagne.

M. Thiers venait de prêcher une croisade dans cette péninsule. Trop vivement touché de quelques succès passagers de don Carlos, il avait craint de voir le frère de Ferdinand VII s'établir à Madrid. Les événements ont prouvé que le régime constitutionnel, légué à l'Espagne par un roi mourant, qui pensait expier ainsi, aux yeux de ses sujets, les fautes de son ingratitude et de sa tyrannie, est suffisamment appuyé par le traité de la quadruple alliance.

Le tiers-parti, dont nous louons d'ailleurs les sentiments d'humanité, voulait écraser don Carlos quoi qu'il en coutât à la France. 150,000 hommes seraient nécessaires pour mettre un terme à cette guerre civile ; c'est la moitié de notre armée active. Il faudrait avancer des sommes immenses, soutenir une guerre peut-être de longue durée dans

des localités auxquelles notre jeune armée n'est pas
habituée, où, sous l'empire, nos troupes poursuivi-
rent Mina pendant quatre ans sans pouvoir l'attein-
dre. L'honneur exige qu'on n'abandonne pas une
entreprise sans avoir obtenu les résultats hautement
publiés d'avance. Et quand même l'expédition française obtiendrait tous les succès désirés, il nous faudrait occuper le pays pendant plusieurs années, entretenir notre armée aux dépens de la France, dont
le trésor espagnol obéré ne pourrait de long-temps
l'indemniser. Toutes ces difficultés, même celle de
s'exposer à faire intervenir de leur côté pour don
Carlos les puissances qui font pour lui des vœux,
rien n'arrêtait le belliqueux M. Thiers.

Le ministère tiers-parti était donc impossible dans
ces circonstances, à moins que la France n'eût ma-
nifesté d'une manière à ne plus laisser aucun doute
au gouvernement qu'elle voulait prendre l'offensive
dans une guerre dont le théâtre, placé d'abord sur
les bords de l'Èbre, aurait pu être porté ensuite sur
les rives du Rhin et du Pô.

Réformer un ministère doctrinaire eût été se mettre ouvertement en conflit avec le pays et froisser
l'opinion publique. La royauté de juillet n'a pas une
volonté immuable. Quand la nation s'est prononcée,
la recherche du moyen de la satisfaire a toujours été
l'objet de la plus vive sollicitude de la couronne.

Dans ces graves circonstances, dans cette alternative, ou de se mettre en opposition avec l'opinion publique en prenant un ministère doctrinaire, ou d'armer les puissances en faveur de don Carlos en choisissant M. Thiers, qu'aurait fait tout citoyen ami de son pays, ami du progrès industriel, commercial et agricole? Électeurs, vous qui n'avez pas de courtisans, placez-vous un moment sur le trône, ne choisirez-vous pas un moyen terme qui mette la France à l'abri de ce double danger.

Ce n'étaient véritablement que les ministres doctrinaires que l'opposition voulait éloigner du pouvoir en attaquant le ministère du 6 septembre. Les autres ministres n'étaient accusés que de se laisser influencer par M. Guizot. La couronne fit alors ce qu'eût fait tout homme politique. M. Molé, en composant le ministère du 15 avril, prit pour collègues des hommes d'état qui voulaient la continuation du système de non-intervention, qui étaient restés neutres dans la lutte qui venait de s'engager entre le tiers-parti et la doctrine.

Placé entre deux partis rivaux qui touchent de plus près le centre de la chambre, le nouveau ministère voulut être jugé par ses actes; ce fut là tout son programme en tête duquel on lisait: conciliation. C'était un appel au tiers-parti et à la doctrine. Avec le concours de ces deux fractions et du centre, le ministère aurait eu une forte majorité. Son premier soin fut d'accorder l'amnistie. C'était un acte qui de-

vait être agréable à toute la gauche et même aux lé-
gitimistes. Un assassin, condamné à mort, fut même
compris dans cet acte de clémence qui devait désarmer les partis les plus exaltés. Le gouvernement en
recueillit les fruits ; car depuis lors, non-seulement
l'ordre n'a pas été troublé, mais les hommes qui
nourrissaient dans leur cœur des projets régicides,
vaincus par la clémence du roi, déposèrent le fer
qu'ils avaient aiguisé. L'honneur de la France exi-
geait une éclatante réparation. Le drapeau de juillet
avait une tache à effacer. Les murs de Constantine
furent foudroyés ; la ville fut prise après un assaut
des plus périlleux. Le drapeau tricoloré fut arboré
sur le palais d'Achmet-Bey, où il flotte encore aujourd'hui.

C'est sous le ministère du 15 avril que la civilisation moderne entra triomphante dans une cité où le
temps et la barbarie n'avaient laissé subsister de l'ancienne civilisation romaine que quelques monuments
des arts. La France poursuivra son œuvre. Protégée
dans l'est de l'Algérie par les murs de la capitale de
l'ancienne Numidie et par le courage de ses soldats,
elle convaincra la nation arabe qu'elle ne peut exister que sous la condition d'être son alliée. Le temps,
plus que les ravages de la guerre, ramènera à des
mœurs plus douces ces farouches ennemis du nom
chrétien. Ainsi, le grand rôle civilisateur que l'Angleterre est appelée à remplir dans l'Inde, la Russie

dans le nord de l'Asie, la France le remplira dans le nord de l'Afrique. Mais les gouvernements éclairés de l'Europe, amis de l'humanité autant que du progrès, ne doivent verser que le sang nécessaire pour accomplir leur mission. Éclairés par une religion tolérante, nous n'abuserons pas de la force de nos armes. Nous n'irons pas, modernes Pizarres ou comme d'autres Cortez, armés d'un fer fanatique, porter de toute part la flamme, la dévastation et la mort ; nous ne ferons pas une guerre d'extermination à un peuple que nous devons doter du bienfait de la civilisation.

Toute personne d'une conscience impartiale sera forcée d'avouer que tel est le système suivi par les ministres du 15 avril à l'égard de l'Afrique. Ils veulent que la France règne dans l'Algérie. Ils emploient la force quand elle y est nécessaire à notre maintien et à notre sécurité. Après avoir affermi notre position, ils usent des moyens de douceur pour faire admirer et aimer, s'il est possible, la modération d'un gouvernement chrétien. Sur ce point, le ministère actuel a suivi une ligne de conduite qui tenait le milieu entre celle que veulent adopter le tiers-parti et la doctrine. Celle-ci, ne voulant faire aucun sacrifice, reculant devant la pensée d'une expédition nécessaire, se contenterait de conserver quelques villes situées sur la côte. Les discours de M. Jaubert ont prouvé jusqu'à l'évidence que si nous avions eu

M. Guizot au pouvoir, nous n'aurions pas aujour-
d'hui Constantine.

Le tiers-parti suivait une marche tout opposée.
Pour lui, la Méditerranée n'était qu'un lac français
qui devait servir de communication entre la France
ancienne et la France nouvelle. L'Afrique devait être
soumise de gré ou de force. L'Atlas ne devait pas
être pour nous un point d'arrêt. C'était le système
d'extermination.

Le ministère jugea ensuite qu'il était de son devoir d'appeler la coopération du pays dans ses projets de conciliation. La chambre fut donc dissoute
en 1837, et le résultat des élections fit connaître au
gouvernement que l'opinion publique persistait dans
ses tendances anti-doctrinaires. Mais la France légale
n'a pas prononcé alors un jugement défavorable contre l'administration existante. La majorité lui fut
conservée dans les deux chambres pendant toute la
session. Les difficultés que le ministère rencontra
donnèrent, il est vrai, plus de force à l'opposition
dans la chambre des Députés.

Les projets du prince Louis étaient connus du
gouvernement. Devait-il laisser le prétendant pré-
parer aux portes de la France une nouvelle tentative. Les moyens employés étaient les seuls ; à
moins de déclarer la guerre à la Suisse. Cet État
blessé dans son indépendance céda enfin ; mais l'in-
convénient d'indisposer un État voisin n'est-il pas

justifié par la force des choses et par une impérieuse nécessité ? N'eût-ce pas été une faute impardonnable que de s'endormir pendant qu'on fomentait le feu de la rébellion à quelques lieues de nos frontières ? Qu'eût fait tout autre ministère ? Qu'eussent pensé les représentants du pays et la France entière, si le gouvernement, loin de prévenir le crime, se fût seulement réservé de le punir, et que quelques mois après, le prince eût donné une seconde représentation du drame ridicule de Strasbourg. Le sang qui eût pu être répandu dans cette folle entreprise fût retombé sur des ministres imprévoyants, imprudents. Ceux que la faiblesse ou les promesses auraient pu entraîner hors de leur devoir étaient en droit de leur demander compte de leur châtiment. M. Guizot, qui était au pouvoir au mois d'octobre 1836, n'accusera pas sans doute M. Molé d'avoir fait un nouveau prétendant.

Enfin, le ministère du 15 avril crut pouvoir se présenter une seconde fois devant la chambre des Députés, renouvelée en 1837. Confiant dans la conduite modérée qu'il avait tenue et qui ne l'avait porté à aucune réaction contre la doctrine, ni contre le tiers-parti, entre lesquels il avait pris à tâche de se diriger pour ne froisser aucune opinion, il espérait pouvoir amener à une conciliation ces deux fractions qui s'étaient fait la guerre.

Mais la paix se fit entre ces deux rivaux dans un

tout autre but que celui de concourir à soutenir le gouvernement et à l'aider dans sa marche au milieu des obstacles nouveaux qui se présentaient devant lui. Le parti conservateur eut à lutter contre les fractions réunies de la doctrine, du tiers-parti, de la gauche dynastique, du radicalisme et de la légitimité. Toutes ces fractions, si long-temps divisées et divisées encore aujourd'hui par leurs principes, tombèrent d'accord sur un seul point. Elles se donnèrent la main, fraternisèrent ensemble, et marchèrent à rangs serrés contre leur ennemi commun. La coalition de 1839 eut ses 221. La perte du ministère était jurée. Aux arguments les plus concluants, à la logique la plus convaincante, on ne répondit que par des invectives. Les récriminations les plus scandaleuses ne furent pas non plus épargnées.

La question belge embarrassait le gouvernement, ami de la liberté de cette nation voisine autant que de la paix générale. C'était le moment d'attaquer des ministres qui n'étaient coupables que de se trouver au pouvoir au moment où il fallait que cette difficulté trouvât sa solution. Le traité des vingt-quatre articles avait été proposé à la signature du roi Guillaume en 1831, après avoir été signé par les plénipotentiaires des cinq puissances et par le gouvernement belge lui-même. Ce pacte n'était qu'une pollicitation par rapport à la Hollande; mais la Belgique était liée envers les cinq grandes puissances, quoiqu'elle ne le fût pas envers le roi Guillaume, tant que ce prince n'aurait pas donné son acceptation. Aussi la Belgique resta-t-elle en possession du territoire en litige, sauf à elle à respecter les droits de la Confédération germanique. Guillaume accepte aujourd'hui un traité qui, depuis 1831, n'a reçu aucune modification; la Belgique est donc liée par cette acceptation devenue définitive et irrévocable. La cession à la Hollande du Limbourg et du Luxembourg était la condition *sine quâ non* de la reconnaissance de la Belgique par les puissances et par le roi de Hollande lui-même. La Belgique devait-elle remettre en question son indépendance assurée aujourd'hui?

Il n'y a rien dans cet acte politique de contraire à ce qui se passe entre simples particuliers. Le droit public est d'accord ici avec le droit commun. Supposons, en effet, qu'à la suite d'une contestation élevée entre deux particuliers au sujet d'une propriété, ceux-ci conviennent de terminer le différend par une transaction, dont les conditions seront arrêtées par des arbitres. Une partie en accepte toutes les conditions et reste en possession de la propriété en litige jusqu'à l'acceptation de la partie adverse. C'est une pollicitation faite par le possesseur; il peut la faire révoquer, il est vrai, avant l'acceptation de son adversaire. Mais si elle n'a pas été révoquée, qu'en résultera-t-il? Le possesseur sera lié définitivement à l'égard de celui qui avait fait attendre son acceptation.

Ce principe est tellement rigoureux en droit civil qu'il s'applique même au cas de libéralité. La chose donnée reste au donateur, tant que le donataire n'a pas accepté, mais si celui-ci donne son acceptation, la donation doit être exécutée, quand bien même le donateur manifesterait ultérieurement l'intention de révoquer.

Mais, dira-t-on, il ne s'agit pas seulement d'une chose, d'un territoire; mais d'une population qui ne veut pas consentir au traité. Il est regrettable que la conférence n'ait pas admis les modifications proposées par le cabinet de Bruxelles, et fortement appuyées par le plénipotentiaire français; mais ce n'en est pas moins aujourd'hui un traité conclu qui remplace, quant à la Hollande et à la Belgique, le traité de 1815. Un traité est un acte politique qui oblige les nations, comme les conventions lient les particuliers. Pour celles-ci, c'est la justice qui en garantit l'exécution; la seule sanction des traités, c'est la guerre qui est le seul tribunal qui puisse connaître de la violation du droit international.

Casimir Périer prévoyait-il que l'œuvre qui devait assurer l'indépendance de la Belgique serait le plus lourd fardeau qu'eussent à supporter ses successeurs et ses imitateurs du 15 avril? Pensait-il qu'une coalition s'en prévaudrait pour chercher à accabler comme traîtres à la liberté ceux que le hasard des circonstances chargeait de résoudre cette difficulté?

Mais ces raisons dont la justesse était évidente, palpable, n'épuisaient pas la faconde de M. Thiers, ne tarissaient pas la source des graves raisonnements de M. Guizot. Tous deux voulaient emporter d'assaut les portefeuilles. Ils ne savaient pas qui des deux triompherait plus tard. Peu importe, il faut d'abord renverser; l'on verra ensuite. Peignons la coalition sous les mêmes couleurs que celle de 1830; montrons-la comme seule protectrice de nos libertés; disons que nous avons aujourd'hui les mêmes éléments de despotisme qu'en 1830, sauf la personne du roi. Ces ministères qui n'ont que le tort d'avoir maintenu l'ordre au-dedans, la paix au-dehors, l'objet des efforts des précédents ministères; ces ministres qui ont commandé le siége de Constantine, qui protègent le commerce français sur toutes les côtes du nouveau monde, qui ont envoyé l'amiral Baudin à Vera-Crux, désignons-les à l'opinion publique comme des hommes rétrogrades, des hommes qui compromettent l'honneur de la France, comme des hommes avides de nos libertés, comme des ennemis de la prérogative parlementaire, et nous parviendrons à nous emparer de leurs dépouilles.

Le cabinet du 15 avril ne voulut être jugé que par ses actes. Maintenant qu'ils nous sont connus, nous voyons qu'il a suivi le système des précédents ministères, relativement à la politique étrangère. Quant à l'évacuation d'Ancône, les ministres se sont justifiés. Quand la France s'empara d'Ancône, la paix était menacée, l'insurrection régnait en Italie. L'Autriche intervenait dans les États romains, la France avait le droit d'y intervenir de son côté, de même que si nous intervenons en Espagne, les puissances du nord ont le droit de suivre notre exemple. Mais depuis longtemps les troubles avaient cessé dans la Romagne ; la paix générale était assurée, une convention fut faite avec le Saint-Siége, en vertu de laquelle le gouvernement français s'obligeait à rappeler les troupes qui occupaient la ville, si les Autrichiens évacuaient les États romains. La condition ayant été accomplie, la convention devenait donc obligatoire. Pendant la paix, la France n'a pas besoin d'Ancône ; c'eût été sans doute un acte impolitique si le gouvernement devait suivre le système belliqueux du tiers-parti. L'évacuation d'Ancône est un gage de notre sécurité pour la paix générale, et une preuve des relations satisfaisantes qui existent entre la France et les autres gouvernements de l'Europe. Parce que la France conserve des rapports pacifiques avec les autres puissances, est-ce à dire pour cela que notre honneur est en danger ?

Les 213 prêtent des intentions hostiles à nos libertés aux ministres du 15 avril. On assimile aux ministres de 1829, ceux qui ont eu l'honneur de faire partie des premiers ministères formés après la révolution. M. le général Bernard, qui a passé en Amérique les années de la Restauration, n'est pas le transfuge du Mont-Saint-Jean. Le ministre qui a proposé l'amnistie, qui n'a cessé de faire la guerre à la royauté de 1814, n'est pas l'auteur et le défenseur à main armée des fatales ordonnances.

Un ministère qui a offert deux fois sa démission ne prépare pas des armes contre la Charte, et ne peut être comparé au ministère Polignac, qui loin de donner sa démission voulait se maintenir au pouvoir quand tout Paris était en feu, quand il refusait d'entendre les commissaires de l'Hôtel-de-Ville qui lui apportaient des paroles de paix.

La coalition n'avait que des plaintes vagues à proférer dans des discours d'une éloquence entraînante. Mais tous ces reproches, toutes ces accusations ont été trouvés sans fondement devant le vote de la majorité sur tous les articles de l'adresse en détail. Si le ministère se retirait, c'était pour laisser à ceux qui avaient voulu conquérir les portefeuilles à la pointe d'un beau discours, selon l'expression d'un député, le soin de gouverner l'État avec plus de bonheur. Mais les essais de la couronne pour former un nouveau ministère dans le sein de la chambre des Députés furent tous sans résultat. Il était facile de le prévoir.

Ce n'est pas que la couronne ait de la prédilection pour le ministère actuel, plus qu'elle n'en a témoigné pour tous les autres ministères. La royauté de juillet qui, pour désarmer l'opposition, a changé, modifié, le cabinet jusqu'à quatorze fois en quatre ans, ne cherche pas à s'attacher des ministres et en faire des courtisans. Les causes de l'impossibilité d'un nouveau ministère se trouvaient dans la chambre et non pas à la cour. Car le jour où les portefeuilles eussent été remis en d'autres mains, la coalition était dissoute. Les nouveaux ministres n'auraient pu compter sur le concours des députés conservateurs du système adopté et de nos institutions; ce parti survivait au ministère du 15 avril et formait une nouvelle fraction dans la chambre qui aurait arrêté le tiers-parti dans ses entreprises aventureuses.

On sait en effet qu'il n'a pas renoncé à ses projets d'intervention en Espagne, contre laquelle la chambre s'est prononcée en 1837. La France a répété alors ces paroles de Casimir Périer : Le sang français ne doit couler que pour la France. Y a-t-il une nécessité plus pressante aujourd'hui d'intervenir dans la péninsule?

L'Espagne désirait un gouvernement constitutionnel ; elle était lasse de la réaction despotique et sanguinaire de Ferdinand ; elle ne pouvait espérer un sort meilleur de don Carlos. L'Espagne eut ce qu'elle désirait, grâce au gouvernement de juillet qui ne méconnaîtra jamais son origine. On sait que le prétendant voulut soutenir à main armée les droits qu'il disait tenir de Dieu même et auxquels il ne pouvait renoncer. Les amis de l'humanité gémissent en pensant à l'acharnement que l'on met de part et d'autre dans cette guerre politique et religieuse. Je dis religieuse, car le clergé craignant de perdre ses richesses et son influence entretient le fanatisme, et arme la population pour sa cause qui est celle de don Carlos. Est-ce un fait providentiel que la liberté ne puisse s'établir chez un peuple qu'après de nombreuses réactions, de sanglants excès ! Le juste-milieu espagnol, aidé par les puissances signataires du traité de la quadruple alliance, se maintiendra. Il ralliera plus facilement autour de lui les exaltados par la crainte de voir arriver don Carlos à Madrid. Et qui sait si la constitution radicale de 1812 ne renverserait pas la nouvelle constitution, comme elle a renversé le statut réal ; dans le cas où le parti de don Carlos serait anéanti ?

Cependant malgré les horreurs que nous ne saurions assez déplorer, malgré les massacres ordonnés par Cabrera, le libéralisme s'étend en Espagne et fait des progrès. Il se naturalisera et se nationalisera enfin. Dieu veuille qu'il en coûte moins à cette nation, qu'il en a coûté à la France et à l'Angleterre pour consolider leurs libertés ! Dans l'intérêt de la France et même dans celui de l'Espagne, l'intervention serait donc encore aujourd'hui un acte impolitique.

La guerre, pour soutenir la violation du traité des

24 articles, traité qui a reçu sa perfection, et sur lequel on ne peut plus revenir sans remettre en question l'indépendance de la Belgique, et sans compromettre gravement la paix de l'Europe, cette guerre n'est pas ce que veut aujourd'hui la France. Et cependant un ministère tiers-parti faisait craindre à l'Europe que la France ne renonçât au système de paix générale adopté par toutes les puissances. Un ministère tiers-parti était donc impossible puisqu'il n'aurait pas eu le concours du parti conservateur. Aurait-il conservé celui de la coalition? Chaque fraction reprenait de nouveau ses tendances et ses principes. MM. Berryer et Garnier-Pagès auraient-ils soutenu M. Guizot ou M. Thiers, arrivés au pouvoir, plus que M. Molé? M. Odilon Barrot, qui ne sait transiger, aurait-il voté pour le tiers-parti ou pour la doctrine, comme il avait voté avec eux dans l'adresse?

La combinaison de quelques hommes de la doctrine et du tiers-parti pouvait-elle avoir lieu et former un ministère qui pût s'accorder quelque temps? pas plus qu'avant le 15 avril. M. Thiers veut la guerre en Europe, M. Guizot craint même de troubler le repos de l'Afrique. M. Thiers se dit le défenseur de la prérogative parlementaire qui n'est pas le moins du monde en danger; M. Guizot a été soupçonné de vouloir étendre la prérogative royale. M. Guizot est l'auteur des lois de septembre;

M. Thiers, pour conserver sa popularité, devrait les faire rapporter. Enfin, ces deux hommes d'État, qui se croyaient indispensables au pouvoir, et qui voyaient avec peine leur sacrifice se prolonger indéfiniment, ne sont d'accord que sur un point, c'est-à-dire de renverser le ministère dont ils espèrent chacun distribuer les portefeuilles exclusivement à leurs amis politiques.

Pouvait-on former un ministère purement doctrinaire? L'opinion publique s'est prononcée sur la doctrine à l'occasion des projets de lois que le ministère du 15 avril a retirés. Le désir de la France avait été satisfait par la dissolution du ministère du 6 septembre.

Dans ces graves circonstances, que devait faire la couronne, que devaient faire des ministres zélés défenseurs de l'intérêt de la France? La nation était en possession d'un système normal, d'un système de paix. Le gouvernement pouvait-il passer à la minorité, à une fraction de la minorité, sans consulter l'opinion du pays? La richesse commerciale et industrielle s'était prodigieusement accrue, grâce à la coopération active du gouvernement, et grâce à la paix qui, depuis vingt-quatre ans, n'a pas cessé de régner en Europe. L'agriculture et les arts ont fait des progrès incroyables; fallait-il tarir ces sources fécondes de la richesse nationale? Devait-on adopter un système ruineux pour les contribuables sans de-

mander à ceux qui soutiennent l'État par leur indus-
trie, par leur fortune, s'ils se déterminaient à voir
adopter un système politique qui exigerait de leur
part de plus grands sacrifices ? Les électeurs de 1837
ne prévoyaient pas que la reprise des conférences de
Londres remettrait en question la paix de l'Europe.
Ces circonstances graves qui inspirent les plus vives
inquiétudes, qui suspendent le cours des opérations
commerciales, le gouvernement a fait tous ses efforts
pour les prévenir, pour en neutraliser l'effet. Quand
il vit la France menacée de passer d'un état de pros-
périté à un état de malaise général, quand il vit en
danger l'équilibre des deux prérogatives, la Charte
menacée dans une de ses bases, le principe électoral
tellement exposé, que la France retomberait bientôt
après cette innovation dans la démocratie pure du système de 1791, du système de Jean-Jacques, le gouvernement a jugé qu'il était de son devoir d'en appeler aux électeurs. Quoique les ministres du 15
avril aient abandonné leur portefeuille sans arrière-
pensée, ils n'ont pas craint de le reprendre en raison
de l'impossibilité où s'est trouvée la couronne de re-
constituer un ministère qui puisse donner à la
France des garanties aussi nécessaires à son avenir
qu'à son passé. Ils n'ont pas hésité d'assumer envers
le pays une responsabilité morale, en se montrant
franchement et loyalement aux électeurs dans la lutte
qui se prépare dans les colléges électoraux.

Rien ne justifie que la Charte soit menacée par le pouvoir. Ceux qui voudraient le persuader à leurs commettants par leurs terreurs simulées, n'y croient pas eux-mêmes. Si la Charte était menacée, ce serait par les novateurs qui voudraient attérer le principe d'élection. En 1830, le droit électoral fut étendu à tous ceux que leurs revenus annonçaient comme jouissant d'une aisance telle qu'ils avaient les connaissances nécessaires pour comprendre les actes du gouvernement. Mais supposer que tout garde national soit assez éclairé pour être admis à la participation des affaires de l'État, c'est ce qu'on ne saurait soutenir avec quelque raison.

Électeurs, vous ne craignez pas des ordonnances à la façon de celles de 1830; ne redoutez pas non plus une révolution. Mais manifestez clairement votre volonté, et le gouvernement n'y mettra pas obstacle. Il s'agit d'un changement de système politique; si vous préférez celui de M. Thiers, adoptez-le franchement; donnez-lui une forte majorité, afin que la marche du gouvernement ne soit plus entravée par les forces toujours croissantes de l'opposition. Le ministère tiers-parti aura, lui aussi, de puissants et de nombreux ennemis à combattre; et, si vous préférez l'administration de M. Thiers, il est à présumer qu'il ne tardera guère à vous demander votre concours pour obtenir des renforts au nombre insuffisant de ses adhérents.

Si au contraire vous aimez mieux conserver le système du 13 mars, du 11 octobre et du 15 avril, affaiblissez la coalition, envoyez de nouveaux défenseurs au parti conservateur, et donnez à la France un nouveau gage de votre attachement à la Charte de 1830.

Souvenez-vous que la force de la France est dans l'accord des grands pouvoirs de l'État. Puisse cet accord devenir tous les jours plus complet et plus inaltérable ; puisse le jeu de nos institutions, libre et régulier tout à la fois, prouver au monde que la monarchie constitutionnelle peut réunir aux bienfaits de la liberté la stabilité qui fait la force des États !